Susette Gontard

Briefe an Friedrich Hölderlin

Gontard, Susette

Briefe an Friedrich Hölderlin

ISBN: 978-3-86267-104-5

Auflage: 1
Erscheinungsjahr: 2011
Erscheinungsort: Bremen, Deutschland

Europäischer Literaturverlag GmbH, Fahrenheitstr. 1, 28359 Bremen (www.elv-verlag.de).

Briefe an Friedrich Hölderlin

Frankfurt, etwa Ende September/ Anfang Oktober 1798

Ich muss Dir schreiben Lieber! Mein Herz hält das Schweigen gegen Dich länger nicht aus, nur noch einmal lass meine Empfindungen sprechen vor Dir, dann will ich, wenn Du es besser findest, gerne, gerne, still sein.

Wie ist nun, seit Du fort bist, um und in mir alles so öde und leer, es ist als hätte mein Leben alle Bedeutung verloren, nur im Schmerz fühl ich es noch …

Wie lieb ich nun diesen Schmerz, wenn er mich verlassen und es wieder dumpf in mir wird, wie such ich ihn mit Sehnsucht wieder, nur meine Tränen über unser Schicksal können mich noch freuen … Sie fließen auch reichlich, wenn ich abends, schon um neun Uhr, den Tag zu verkürzen, mit den Kindern zur Ruhe mich lege, wenn alles still ist und niemand mich sehen kann. Wie! dachte ich dann oft, soll künftig diese geliebte, reine Liebe wie Rauch verfliegen und sich auflösen, nirgends eine bleibende Spur zurücklassen? – Da kam der Wunsch in mich, noch durch geschriebene Worte für Dich ihr ein Monument zu errichten, das unauslöschlich die Zeit doch unverändert schont. Wie möchte ich mit glühenden Farben bis auf ihre kleinsten Schattierungen sie malen und sie ergründen, die edle Liebe des Herzens, könnte ich nur Einsamkeit und Ruhe finden! So, beständig gestört zerrissen, kann ich nur stückweise sie fühlen, suche sie beständig, und doch ist sie ganz in mir! –

Im offenen, freien Feld ist es mir noch am besten, und ich sehne mich beständig hinaus, wo ich den lieben Feldberg sehe, der Dich *Böser* wie eine Wand *sanft* aufhält, dass Du mir nicht weiter entfliehest! - Komm ich aber wieder nach Hause, ist es nicht mehr wie sonst, sonst wurde es mir so wohl, wieder in Deine Nähe zu kommen, jetzt ist's als ginge ich in einen großen Kasten mich da einsperren zu lassen; kamen sonst meine Kinder, von Dir, zu mir herunter, wie stärkte es mein oft trauernd Wesen, wenn eine sanfte Röte, ein tieferer Ernst, eine Träne im Aug mir noch den Einfluss von Dir verriet, jetzt haben sie nicht mehr diese Bedeutung für mich und ich muss oft meine Gefühle für sie zurechtweisen …

So weit hatte ich schon in den ersten acht Tagen Deiner Entfernung geschrieben, und mein Herz kämpfte mit meiner Vernunft, ob ich wirklich diese Zeilen Dir schicken sollte, oder nicht; mein Herz siegte, in dem Fall, dass alle andere Beziehungen mit Dir mir abgeschnitten würden, Gelegenheit zu suchen Dir wenigstens Rechenschaft davon zu geben, denn den Gedanken, so nah wie wir noch zu leben, und nach solcher Innigkeit gar nichts voneinander zu hören und wissen zu wollen, konnte ich nicht fassen, es wäre mir unmöglich, diese Enthaltsamkeit mit Zartheit des Gemüts zu reimen, und ich glaube fast, Du musstest das von mir erwarten und hättest, wenn ich schwiege, Ursache mich des Gegenteils zu beschuldigen. Du konntest nicht zuerst schreiben, das fühlte ich wohl, weil ich immer dagegen war. Diese Gedanken bestimmten mich, verdenke es mir nicht, dass ich Dir schrieb, und dass ich Dir klage; wären diese Klagen nicht zugleich Beweise meiner Gefühle, gewiss, Du würdest sie nicht hören. Jetzt bekam Henry, Susettes ältester Sohn; Deinen Brief, welcher mich sehr aufrichtete, ich hatte immer nur Deine neue Freiheit und Unabhängigkeit vor Augen, Dein häuslich Leben, Deine stillen Zimmer und Deine grünen Bäume am Fenster; Deinen Brief, diesen lieben Trost, behielt ich aber kaum eine Viertelstunde, indem Henry ihn mir sehr gewissenhaft zurückforderte, um ihn zu zeigen, und so bekam ich ihn nicht wieder. Ich weiß nicht, was Henry bei dieser Gelegenheit alles verboten wurde, ich fand ihn aber nachher sehr verändert, und er scheute, sich Deinen Namen zu nennen. Du kämest nach Frankfurt und ich sah Dich nicht einmal von Weitem, das war mir sehr hart! Ich hatte immer auf den Sonnabend gerechnet, doch musste ich eine Ahnung von Dir haben, denn ich öffnete am Abend, wie Du vorbeigingest, ungefähr um halb neun Uhr, das Fenster und dachte, wenn ich Dich doch im Schein der großen Laterne erblickte. Einige Zeit nachher, als ich Henry zum Hegel schicken wollte, antwortete er, es sei ihm nicht mehr erlaubt, ich sagte ihm sehr ernsthaft, dass er ein undankbares Herz hätte, wenn er gegen dieses Verbot gar keine Einwendungen gemacht, und wenn es ihm nicht sehr leid wäre, es half nichts, er sagte, er müsse doch gehorsam sein.

Jetzt, wo denn alle Wege der Mitteilung uns abgeschnitten sind, und ich dadurch sehr empört bin, hoffe ich auf den Mann, den Du aus dem Gasthofe uns schicktest.

Du kannst mir, wenn Du es gut findest, und Sinclair einmal hierher kommt, ihn bitten, wenn es angeht, und Du Dich nicht gegen ihn in ein falsches Licht setzest, mich zu besuchen und mir durch ihn den *Hyperion* schicken, wenn Du ihn schon bekommen, es ist mir nicht möglich, ihn für ein paar Geldstücke zu kaufen. Ich werde dann wieder Nachricht von Dir bekommen, wie sehr wird es mich freuen! Wenn es Dir gut geht! -

Man begegnet mir, wie ich vorhersah, sehr höflich, bietet mir alle Tage neue Geschenke, Gefälligkeiten und Lustpartien an, allein, von dem, der das *Herz* meines Herzens nicht schonte, muss die kleinste Gefälligkeit anzunehmen mir wie Gift sein, solange die Empfindlichkeit dieses Herzens dauert, denn wer könnte wohl auf den Sturz seines Freundes sich sogenannte *gute Tage* machen wollen, noch Selbstgefühl und Zartheit behaupten; aus diesem Gefühl lebe ich also gerne einfacher wie sonst, schränke aus Neigung meine Bedürfnisse ein, dieser Stolz, und dies Gefühl sind mir lieber als alle Güter der Erde. Gott! Meine Liebe! Bewahre mich darin. Ich bin fast immer allein mit den Kindern, suche ihnen so nützlich zu werden, wie ich kann.

Schon oft habe ich es bereut, dass ich Dir beim Abschied den Rat gab, auf der Stelle Dich zu entfernen, noch habe ich nicht begriffen, aus welchem

Gefühl ich so dringend Dich bitten musste, ich glaube aber, es war die Furcht vor der ganzen Empfindung unserer Liebe, die zu laut in mir wurde bei diesem gewaltigen Riss, und die Gewalt, welche ich fühlte, machte mich gleich zu nachgiebig; wie manches, dachte ich nachher, hätten wir noch für die Zukunft ausmachen können? Hätte nur unser Auseinandergehen nicht diese feindselige Farbe angenommen, niemand hätte Dir den Zutritt in unser Haus wehren können, aber jetzt, o! sage mir Du Guter, wie geht es wohl an, dass wir uns wiedersehen? Sei es auch noch so entfernt? – Dem ganz entsagen kann ich nicht! Es bleibt immer meine liebste Hoffnung! ... Sinne darauf.

Oft werde ich Dir nicht schreiben können, dieser Gelegenheit traue ich höchstens nur einmal. Du wirst durch Sinclair ein paar Zeilen zurückbekommen. Auch glaube ich, dass es künftig mit der Komödie nicht mehr so oft angeht, man würde es bald merken, weil man nicht gewohnt ist, dass ich bei schlechten Stücken hingehe, und wir wollen doch keine Zuschauer, auch würde es mir zu leid tun, Dich bei schlechtem Wetter unterwegends zu wissen; wir wollen also, wenn Du es gut findest, diese Einrichtung machen, Du kommst alle Monat den ersten Donnerstag, und wenn es schlecht Wetter ist, den ersten darauf folgenden schönen Komödientag, und ich richte mich danach. Da habe ich Dir viel Worte machen müssen und hätte Dir schon gerne so viel gesagt, das Rechte kann ich aber nicht ausdrücken, es bleibt tief in meinem

Herzen begraben, nur Tränen der Wehmut können das sagen und wieder stillen. Du siehst wohl, ich kann die Worte nicht finden! … Ich bin so verändert, dieser gewaltige Schlag des Schicksals hat mich ganz in mich selbst gekehrt, ein tiefer heiliger Ernst herrscht durch mein ganzes Wesen, nur oft ist's mir so dumpf und ich habe keine Besinnung; will ich dann lesen, stehen meine Gedanken still, und wollen nicht weiter, ich kann nur das Nötigste tun und bin zum Verwundern geduldig. Meine Gesundheit ist übrigens gut, nur fehlt es mir an Mut und Tätigkeit, ich bin ein wenig gelähmt und möchte nur immer so hinsitzen, träumen möchte ich auch! Aber auch meine Fantasie will mir oft nicht dienen, o! Es wird gewiss besser, wenn ich nur erst weiß, dass die Nachrichten von Dir mir nicht fehlen können und ich immer einen Gesichtspunkt, einen Tag der Hoffnung, vor mir habe, denn die Hoffnung hält uns allein im Leben …

Das bleibt gewiss, dass ich nie ändere …

So weit schrieb ich am Mittwoch.

Freitagmorgen halb zehn Uhr

Seit ich Dich gestern sah, ist nichts als der Wunsch in mir lebendig, Dich zu sprechen; willst Du es wagen, bindet Dich kein Versprechen, so komm heute Nachmittag ein Viertel nach drei Uhr, gehe unverstohlen der hinteren Türe, welche immer offen ist herein, laufe leicht und schnell die Treppe herauf wie sonst, die Türe zu meinem Zimmer an der Treppe wird Dir schon geöffnet sein, die Kinder lernen zu der Zeit im hinteren blauen Zimmer und können Dich nicht sehen, wenn Du an der Mauer hergehst, Wilhelmine bleibt bei der Maly Susettes jüngste Tochter Amalie im Wohnzimmer, und wir können hoffen uns eine Stunde ruhig zu sprechen; findest Du es aber unbesonnen oder hast sonst Gründe, verspreche ich, sie zu ehren und mich gewiss in nichts zu ändern, es bleibt dann bei der alten Einrichtung, Du kannst es immer noch so machen, mich wirst Du immer finden.

Sollte Dich sonst auch jemand sehen, tut das gar nichts, es kann nicht auffallend sein, wenn Personen, welche drei Jahre unter einem Dache lebten, eine halbe Stunde zusammen zubringen, das Gegenteil vielmehr.

Frankfurt, Ende Februar 1799

Wie gerne, Lieber! möchte ich Dir treu erzählen, wie ich die traurigen Tage unserer Trennung zugebracht, wenn nur nicht die Wiederholung dieser Zeit für mich so peinlich wäre. Seit einigen Tagen bin ich wieder allein, und es ist schon etwas besser, das Schlimmste war, dass ich mir keine einsame Viertelstunde zusichern konnte, und ich auch, selbst wenn ich allein war, meine Gefühle so gewaltsam zusammenpressen musste, damit meine nassen Augen mich nie verraten und zu lästigen Fragen Anlass geben möchten. Aber die ersten einsamen Stunden waren für mich schrecklich, nun wollte ich mich meinem Gefühl wieder ganz überlassen, ich durfte auch das nicht, denn die Sehnsucht nach Dir wurde so groß, dass ich mir nicht zu helfen wusste, und ein gewaltiger Kampf in mir entstand. Ich suchte mit allen Kräften Dein verlöschendes in mir gewordenes Traumbild mit lebendigen Farben wieder in meine Einbildung zu rufen, ach! Es war mir versagt, ich fühlte den Wunsch und die Unmöglichkeit zugleich, ich dachte wohl an Deine Briefe, Deine Bücher, Deine Haare, aber ich wollte keine Hilfe, wollte ganz aus mir selbst Dich in mir erneuen, doch mein töricht Herz musste bald vor der Vernunft erröten, und Entschuldigung finden; einige Tage nachher kramte ich mir Deine lieben Sachen und Briefe von alten Zeiten aus, die mir damals, als ich Dich noch hatte, wenig waren, und wovon nichts mehr in meinem Gedächtnis war; welch ein Schatz von lieben Worten, welch ein Trost, welch ein lieblich Bild von Dir fand ich darin, wie lockten sie liebliche Tränen der Zärtlichkeit mir ins Auge, wie stärkten sie mein Herz, wie halte ich mich jetzt daran in jeder bangen Stunde. Aber ach! Das ist *Vergangenheit*. - Was ist *Gegenwart*? - Was *Zukunft*? ... Jetzt frage ich mich mit jedem Tage: »Wie muss ein vereinzelt Wesen in sich und durch sich selbst bestehen, welches die *Liebe* zu einem edlen und schönen Wesen erhoben?« - Träumen möchte ich immer, doch träumen ist Selbstvernichtung! Selbstvernichtung Feigheit! ... Fühlen! - Mein Herz fühlt noch in dieser armen, alles tötenden Zeit lebendig und warm, sehnt sich nach Wirklichkeit, nach dem Widerhall der Liebe, nach Mitteilung, Einklang, Harmonie! Seligkeit! Soll ich es tadeln? Doch ruft jedes Gefühl in mir meine ganze Sehnsucht vermischt mit tausend Schmerzen zurück. Selbst durch meine tiefsten Gedanken finde ich nichts Wünschenswertes als die innigste Beziehung der Liebe, denn was kann uns leiten durch dies zweideutige Leben und Sterben als die Stimme unsers besseren Wesens, welches wir einer gleichen liebenden Seele anvertrauen, diese Stimme, die wir aus uns selbst nicht immer hören können. Verbunden sind wir stark und unwandelbar, im Schönen und im Guten, über alle Gedanken hinaus im Glauben und im Hoffen. Aber diese Beziehung der Liebe besteht in der wirklichen Welt, die uns einschließt, nicht durch den Geist allein; auch die Sinne (nicht Sinnlichkeit) gehören dazu, eine Liebe, die wir ganz der Wirklichkeit entrücken, nur im Geiste noch fühlen, keine Nahrung und Hoffnung mehr geben könnten, würde am Ende zur Träumerei werden oder vor uns verschwinden, sie *bliebe,* aber wir wüssten es nicht mehr und ihre wohltätige Wirkung auf unser Wesen würde aufhören. Da ich dies alles klar vor Augen habe und es so schwer ist, aus der Dumpfheit herauszufinden, sollte ich mich selbst noch täuschen und im Schlummer wiegen ... sollte ich träumen! Soll ich mein Herz verstocken! Soll ich anders denken! ... Wozu ich dies alles frage, Lieber! - »Ich habe ja Dich noch.« Ach! Weil seit dem Tage unserer Trennung eine Angst in mir ist, dass einmal alle Beziehungen zwischen uns aufhören möchten, weil ich über die Zukunft keine Gewissheit habe, über Deine künftige Bestimmung; ich zittre für die Zeit der Revolutionen, die uns nahe sein kann, weil vielleicht sie uns für immer voneinander reißt. Wie oft tadle ich Dich und mich, dass wir so stolz alle Beziehungen uns unmöglich gemacht, uns nur auf uns selbst verlassen haben; wir müssen jetzt vom Schicksal betteln, und durch tausend Umwege einen Faden zu leiten suchen, der uns zusammenführt. Was wird aus uns werden, wenn wir füreinander verschwinden sollten? ...

Noch könnte ich mich nie beruhigen, wenn ich denken müsste, dass ich Dich ganz der Wirklichkeit entrückt. Du Dich mit meinem Schatten begnügen wolltest, dass Du durch mich vielleicht Deine Bestimmung verfehlst, wenn ich von Dir darüber gar nichts mehr hörte und beruhigt würde. Wann es *sein muss,* dass wir dem Schicksal zum Opfer werden, *dann* versprich mir Dich frei von mir zu machen und ganz zu leben, wie es Dich noch glücklich macht, Du nach Deiner Erkenntnis Deine Pflichten für diese Welt am besten erfüllen kannst, und lass mein Bild kein Hindernis sein; nur dieses Versprechen kann mir Ruhe und Zufriedenheit mit mir selbst geben ... *So lieben wie ich Dich*, wird Dich nichts mehr, *so lieben wie Du mich*, wirst Du nichts mehr (verzeihe mir diesen eigennützigen Wunsch), aber verstocke Dein Herz nicht, tue ihm keine Gewalt; was ich nicht haben kann, darf ich nicht neidisch vernichten wollen. Denke nur ja nicht Bester, dass ich für mich spreche, mit mir ist das ganz anders, ich habe meine Bestimmung zum Teil erfüllt, habe genug zu tun in der Welt, habe durch Dich mehr bekommen, als ich noch erwarten durfte, meine Zeit war schon vorbei, aber Du solltest jetzt erst anfangen zu leben, zu handeln, zu wirken, lass mich kein Hindernis sein, und verträume nicht Dein Leben in hoffnungslose Liebe. Die Natur, die Dir alle edlen Kräfte, hohen Geist und tiefes Gefühl gab, hat Dich bestimmt, ein edler vortrefflicher glücklicher Mann zu werden, und es in allen Deinen Handlungen zu beweisen. Doch noch leuchtet uns die Hoffnung für unsere geliebte Liebe, lass uns sie pflegen und erhalten so lange wir nur können. Eine Stunde voll Seligkeit des Wiedersehens und Hoffnung in der Brust sind genug, ihr Leben auf Monate lang zu erhalten. Lass uns die Augen nur nicht zudrücken und uns überraschen lassen vom Schicksal, damit wir das Nötigste und Beste tun können. Beruhige mich, wenn Du kannst über die Zukunft. In der Mitte des Mai kommt mein Bruder Henry Borkenstein; (der wieder völlig hergestellt ist), wenn die

Kriegsunruhen es nicht ganz verhindern; während dieser Zeit sehe ich noch nicht ein, wie es möglich ist, eine Beziehung zwischen uns zu unterhalten, weil ich nicht wissen kann, wenn ich allein sein werde, und es mich in beständiger Spannung und Sorge erhalten würde; wenn Du einen Weg der schriftlichen Mitteilung zwischen uns ersinnen könntest, der nicht ängstlich und gewagt wäre, Du würdest mir eine Wohltat erzeigen, denn es ist zu meiner Ruhe doch so nötig zu hören, wie Du lebst. Wenn ich wieder allein bin (denn ich werde in keinem Fall mich zu einer Reise bewegen lassen, wenn es nicht in einer kurzen Zeit ist, während welcher wir uns doch nicht sehn könnten), machen wir es wieder wie bisher. Du sprachest von anderthalb Jahren, ich zittre, wenn ich denke dass über ein halbes schon vorbei ist, wie wird, wie kann es kommen? Was würde wohl für Dich am besten sein? – Wenn Du mir darüber Deine Ahnungen mitteilen wolltest! Vor meinem Sinne ist alles schwarz, und das Schrecklichste wäre, wenn unter dem harten Schicksal unsere zarte Liebe auch erstickte, wenn es endlich dumpf werden müsste in unserer Brust, unser Leben dahin wäre, und doch trostloses Bewusstsein uns übrig bliebe. Verzeihe! Mein Bester! Dass ich Dich in diese schwarzen Gedanken mit hineinziehe, für Dich sollte alles nur süß sein, einen Himmel möchte ich Dir geben, alles entfernen, was Dich stören könnte; aber ich fühle es, unsere Liebe ist zu heilig, um dass ich Dich täuschen könnte, ich bin Dir Rechenschaft schuldig von jeder Empfindung in mir. Du weißt, dass ich leicht trübsinnig bin, vielleicht kommt es noch besser, und wie wollen wir dem Schicksal danken, für jede Blume, die wir miteinander finden. Wenn es mir nur nicht so schwer würde Dir zu schreiben. Nehme ich in dieser Absicht die Feder, öffnet sich mir eine Welt voll Gedanken und Gefühle, ich möchte alles auf einmal sagen und kann keine Ordnung hineinbringen, ich fürchte Unsinn zu schreiben, dann sind mir meine Worte wieder zu prosaisch und mischt sich meine Fantasie mit ein, denke ich, es wäre nicht so wahr, was ich sagte, am Ende möchte ich alles wieder zerreißen. Du verstehest mich wohl besser, wie ich selbst, und fühlest auch noch, was ich nicht sage …

Ich muss Dir doch etwas von den Kindern sagen, Du weißt schon, dass sie in meinen Augen sehr verloren haben, seit Du nicht mehr sie bildest und auf sie wirkst, dass ich mir nicht mehr so viel von ihnen verspreche. Es ist für mich sehr schwer, allen den schiefen Eindrücken entgegen zu arbeiten, welche sie bekommen, und oft muss ich es gehen lassen, ich verlasse mich dann, zum Trost, auf ihre reifende, bis jetzt ungetörte Vernunft, die sie selbst zurückführen wird, von allen Irrungen in die sie geraten können; oft denke ich auch, wenn ihre moralische Bildung zu sehr verfeinert würde, sie dann auch in ihrer Welt wohl ihr Element nicht finden möchten, dass die Erziehung unserer Lage ein wenig anpassen muss. An Henry ärgert mich am meisten, dass, weil er so auf einmal sich frei fühlte, er so gerne den Herren spielt, immer vorlaut ist, mit so großem Eifer an allem Sinnlichen hängt, und übrigens in seiner Arbeit etwas faul und nachlässig ist, man muss ihn beständig treiben, und aller Ehrgeiz scheint ihn verlassen zu haben. Ich wünschte zu seinem Besten, dass er von hier fortkäme, der Boden hier taugt für ihn gar nicht, da man ihm zu sehr dient und schmeichelt und er zu wenig die Wahrheit in sanften Ausdrücken hört. Ich wünschte, Deine Meinung darüber zu hören! –

Die beiden Mädchen, die Töchter Henriette und Johanna Helene, sind auch etwas roher geworden, aber doch noch gute Kinder, ich baue oft meine Hoffnung auf die kleine Male Tochter Amalie; weil wir bei ihrer späteren Erziehung die Fehler einsehen werden, die wir machten, ich tadle mich aber auch wieder, meiner Parteilichkeit *diese* Nahrung zu geben, sie ist wirklich ein herziges liebenswürdiges Kind, seit vierzehn Tagen läuft sie wieder und dies freut mich so sehr. Wir haben auch den Herrn Hadermann Konrad Georg H., Rektor am Gymnasium Hanau; angenommen, ein sehr langweiliger religiöser Schwätzer, den ich nicht eine Viertelstunde ohne Ungeduld anhören kann. Talente werden sie genug bekommen, aber für ihre Charakterbildung und inneren einzigen Wert ist mir oft sehr bange. Meine Gegenwirkung auf sie wäre doch nicht stark genug, wenn ich auch immer imstande wäre, das Beste für sie zu unterscheiden, und auch selbst dies ist mir fast unmöglich.

Nun noch, wie ich denke, künftig meine Zeit hinzubringen. Diesen Winter war es vielleicht gut, dass ich nicht viel allein war, denn oft habe ich

Tage, wo ich ganz aus dem Gleichgewichte bin, nur bei den Gedanken an Dich stürzen Tränen mir aus den Augen, ich muss mich zwingen und suchte Gesellschaft, um dass ich gehalten werde, ich habe den ganzen Winter mir selbst zur Last herumgeschwärmt, aber das muss jetzt anders werden; selbst kein ernsthaftes Buch konnte ich lesen, weil mein Kopf sich fast immer etwas müde fühlte. Ich will versuchen, ob ich die Musik mir wieder ans Herz legen kann, der Frühling wird mir liebliche Beschäftigung im Garten geben (an den ich mich freilich erst wieder gewöhnen muss), und Dein lieber *Hyperion* wird meinen Geist beleben, wie freue ich mich schon darauf! – Du hattest mir auch noch einige Rezepte versprochen! Du wirst doch Wort halten? – Du batest mich auch, Dir einige meiner Gedanken und Ideen zu Worten zu bilden. Lieber! Alle meine Äußerungen gehören nur Dir. Mein Geist, meine Seele spiegeln sich in Dir, Du gibst, was sich geben lässt, in so schöner Form, als ich es nie könnte, und der Genuss, dass ich den Beifall fühle, den man Dir geben muss, ist mir mehr als die Befriedigung meiner ganzen Eigenliebe.

Frankfurt, den 19. März 1799

... Ich war wieder einige Mal mit den Kindern spazieren, es stärkte und erheiterte mich immer, einmal sah ich am Berge in der Beleuchtung der milden Sonne mein liebes Homburg, wie sengte mein Aug diese stille Gegend und das unbekannte Stübchen, wo Du wohnst, wie eilten meine Gedanken zu Dir hin und berührten Dich gewiss, denn ich meinte, dass Du an so schönen Frühlingstagen mich auch immer im Sinne haben musst und mich näher fühlen, wie ich Dich! ... Doch, wie schreckten meine Gedanken mich, ach! Bald werd ich auch von dieser lieben Gegend scheiden müssen, meine Augen werden nicht mehr gerne dahin sich kehren, ich werde sie wegwenden, so schwindet denn alles! - Nicht einmal eine Vorstellung von dem Ort, wo Du wohnst, werd ich haben! Sieh! Lieber! Darin hast Du es doch viel besser. Du weißt, wo Du mich immer wiederfinden kannst, kennst alle Kleinigkeiten um mich herum, indes, wenn ich Dich denken werde, Dein Bild in einem undurchdringlichen Nebel mir erscheinen wird, auf Augenblicke nur, wenn Du mir nicht zuweilen ein Bild gibst, von dem, was Dich umgibt, und auch selbst von den Menschen, mit welchen Du in Verbindung kommen wirst. Tue das immer, wenn Du kannst. Ich wünsche nichts so sehr für Dich, als dass immer, wo Du auch sein magst, Du einen Freund findest, gegen den Dein Herz nicht stumm zu sein braucht, und in dessen Umgang Du Mitteilung und Nahrung für Deinen Geist findest, denn mein Lieber! Du bist zu reich an Kräften, und immer zu voll, um für Dich zu bleiben und nur auf Dich zu beruhen; Dir ist es Bedürfnis, Dich mitzuteilen, und aus Deinem besten Wesen zu sprechen; wenn Du zuweilen so missmutig bist, fehlt es nur daran, dass Du nicht verstanden wirst, und Dich dann selbst nicht siehst und an Dir zweifelst. In dieser Not aber kommst Du leicht in Gefahr, die unrechten Menschen zu wählen, und nur dafür warne ich Dich! Nimm mir das nicht übel, es kommt sicher aus gutem Herzen.

Du wünschest auch von mir zu hören, wie ich den ganzen Tag über mich beschäftige, diese Erzählung wird sehr einfach sein. Ich bin beinahe immer in meinem ruhigen Stübchen, wo ich arbeite und nähe oder stricke; die Kinder, wenn sie keine Stunden im Nebenzimmer haben, lärmen um mich herum, aber es stört mich bald nicht mehr in meinen Gedanken, welche oft bei Dir, oder doch immer in Beziehung mit Dir sind, oft schreibe ich Dir ganze Briefe! Da geht es aber in meinem Kopf so durcheinander, dass man auf dem Papier keinen Zusammenhang darin finden könnte, oft drängt es mich an den Schreibpult zu gehen, aber ich fürchte mich und muss erst einen Augenblick von Stärke abwarten, oft verschließt sich auch mein Wesen so sehr, dass ich keinen Ton hervorbringe, und so kann ich nicht so oft schreiben, wie ich möchte, denn es liegt für mich wirklich ein Genuss darin, und ich bin nachher viel ruhiger und auf Tage lang wird mir alles leichter. Die Gesellschaft der Menschen ist mir so wenig und oft ist mir doch die Einsamkeit zur Last, so sehr, dass ich das gleichgültigste Gespräch vorziehe, doch es ist nur wie Täuschung, und am Ende gestehe ich mir immer, dass ich herzlich froh bin, wieder allein, ohne Zwang zu sein. Mit dem Lesen will es noch nicht recht gehen! Zu dem ernsten Nachdenken gehört, wie ich meine, ein vollkommen ruhig Gemüt, ein gesetztes sorgloses Wesen! Ich brauche jetzt mehr mich in Schlummer zu wiegen, und daher passt mir ein interessant erzählter Roman mehr an, als die schönsten Schriften unserer Zeit. (Beim Durchlesen fällt mir ein, dass Du Deinen lieben Hyperion auch einen Roman nennst, ich denke mir aber immer dabei ein schönes Gedicht).

Selbst nur das, was ich nicht genug achte, um mich dadurch ins Nachdenken bringen zu lassen, was ich bloß als Unterhaltung und Zeitvertreib ansehe, taugt mir mehr, daher gerate ich auch zuweilen an die Romane von dem Herrn la Fontaine; wenn mir eine Stelle nicht gefällt, nehme ich mir nicht übel, das Buch in die Ecke zu werfen … Gute, schöne Bücher in einer dazu nicht passenden Stimmung zu durchblättern und nicht mit ganzer Aufmerksamkeit zu lesen, halte ich für Entweihung, sie gehören nur dem, der sie ganz fühlt und verstehen kann.

So weit hatte ich geschrieben und wurde unterbrochen. Ich konnte seitdem nicht dazu kommen …

Frankfurt, auf dem Adlerflychtschen Hof
den 10. August 1799

… Mitten in dieser unbeschreiblich schwermütigen Stimmung - wurde ich überrascht, ich schob sie auf mein plötzliches Alleinbleiben nach einer langen angenehmen Zerstreuung und die Entfernung meiner Geschwister; diese Stimmung sprach aber wohl zu wahr und verriet einen ändern Sinn, und weil meine Traurigkeit fortdauerte, kam es nach einigen Tagen zu näheren Erklärungen, man glaubte sich fest in den Gedanken bestärkt, dass gewisse Verhältnisse fortdauerten und besondere Veranlassung gegeben hätten. Ich hatte Mühe der Wahrheit so treu zu bleiben wie möglich, ich erfuhr indessen auch, dass Dein erster Besuch im Hause kein Geheimnis geblieben, ich gab es zu, und sagte dabei, hier im Hause wärest Du nicht wieder gewesen, und ich würde gewiss nie etwas tun, was mir und dem Ganzen schaden könnte. Es lief auch alles ganz ruhig ab und ließ keine üble Wirkung zurück. Nun muss ich Dir aber gestehen, dass mich die Zukunft ängstigt. Ich finde keinen Ausweg, und ohne Dich kann ich nichts ausmachen. Können wir künftig, wenn ich wieder in der Stadt bin, leben, ohne voneinander zu hören? … Wenn ich das Opfer bringe, werde ich jemals um Dich ruhig werden? Werden nicht tausend Hirngespinste mich eben so sehr quälen als andere Unruhen? – Und wird nicht auch, wenn ich gar nichts tue, doch derselbe Verdacht auf mich ruhen, und ich eben darum auch ohne Entschädigung leiden müssen.

Ich verirre mich in meinen Gedanken, darum sage mir, was Du denkst, und lass nicht die schwere Last der Entscheidung auf mich allein ruhen; was Du gut findest, ist auch mein Wille, und wenn Du auch glaubst, dass es gut ist, in der Wirklichkeit eine gänzliche Scheidung zwischen uns zu machen, ich will Dich nicht darum verkennen, *die unsichtbaren Beziehungen dauern doch fort und das Leben ist kurz*. Mir wird kalt! - Weil es kurz ist, es verscherzen? ... O sage! Wo finden wir uns wieder? ... Teure! geliebte Seele! ... Wo finde ich Ruhe? ... Lass mich strenge meine Pflicht erkennen und mich selbst vergessen, und wird sie noch so schwer, hilft sie mir ausführen, aber ich kenne sie noch nicht. Selbsterhaltung, ohne dies kann ich doch gar nichts, und mich selbst vergessen widerspricht sich mit diesem wohl, denn alles, was ich gegen meine Liebe tun könnte, ist mir jetzt als würde es mich verderben, mich zerstören. Welch eine schwere Kunst ist die Liebe! wer kann sie verstehen? und wer muss Ihr nicht folgen? ... Nimm alle Deine Vernunft zusammen und sprich überzeugend mit mir, denn ich fühle es nötig, und wen kann ich sonst fragen als Dich meinen einzigen Freund ...

Frankfurt Anfang Oktober 1799

Es ist mir ein Beweis Deiner Liebe, dass Du doch kommst, mein Teurer, um ein paar Worte von mir zu holen, doch wie schmerzt es mich jetzt, dass ich Dich so nahe weiß und darauf Verzicht tun muss, etwas aus Deinen Händen zu erhalten; hinaus in den Garten hätte ich auf keine Weise kommen können, weil zum Unglück gerade die Äpfel gebrochen werden und ich auch wegen dem Wetter keine Ausrede hätte. Unten in dem Zimmer konnte ich ohne Anstoß zu geben auch nur das letzte Mal (weil wir gerade den Tag darauf Gesellschaft hatten, und ich mir ein natürlich Geschäfte dort machen konnte) kommen. Das geht aber nur sehr selten. Verzeihe mir diese kalte Sprache und denke um Himmels willen nicht, dass es Kälte von mir ist. Ich denke nur, dass ich, um mir eine Freude zu gönnen, es aus Klugheit und Pflicht nicht wagen soll, jemand Anstoß zu geben.

Sollte es aber *dringende Notwendigkeit* sein, dass ich Deine Papiere in die Hände bekäme, so schicke sie mir morgen zwischen 10 und 11, lasse nach mir fragen und sie mir selbst abgeben, ich will dann schon entgegenkommen (aber nur nicht die Türe verfehlt). Sollte meine bange Ahnung aber noch bis jetzt ungegründet sein, so erscheine Du um 10 Uhr an der Ecke, und es ist mir ein Zeichen, dass ich weiter nichts zu erwarten brauche. Deinen lieben Hyperion, der jetzt wohl da ist, will ich schon, so bald ich ihn mit Muße lesen kann, mir mit Klugheit verschaffen.

Mein Bruder hat bei den großen Revolutionen in der Hamburger handelnden Welt nicht verloren, und vielleicht ist er dadurch seinem Ziele näher gerückt, einmal mit uns zu bleiben.

Ich bin vollkommen gesund und freue mich auf den ruhigen Winter, meine einsamen Abende werde ich dann zubringen, Deine lieben Schriften, Gedichte und Briefe zu durchlesen, sie werden viele stärkende liebevolle Tränen in mir hervorlocken, die aus dem Schatze der treuen edlen Liebe allein nur quillen und Segen über das trockne Alltagsleben bringen. So will ich fortgehen meinen stillen Gang und immer besser werden.

Handele auch Du für Dich und lass nicht die tägliche Sorge für künftige Existenz Deine besten Kräfte vor der Zeit lahmen und ersticken, ich billige Dich gewiss ... Es bleibt ewig beim Alten. Leb wohl! Leb wohl!

Im November kannst Du wieder kommen, dann nach der Abrede oder Umständen. Tausend süße Namen und Worte! -

Frankfurt, auf dem Adlerßychtschen Hof
7. Mai 1800

Wirst Du morgen kommen? Mein Teurer! Ich glaube es und doch mag ich mich nicht darauf verlassen, mein Sehnen möchte dann zu gewaltsam bleiben, wenn ich Dich nicht mehr sehen sollte. Der Entschluss, im Zirkel Deiner Familie nützlich zu leben, ist mir wie aus der Seele genommen, und es ist jetzt durch die Umstände Tod des Schwagers Theodor Breunlin Bestimmung für Dich geworden, Deiner guten Schwester alles zu sein, was Du kannst, wie wird es Deinem Herzen wohl tun, wieder ein innig Liebe fühlendes Wesen um Dich zu haben, dem Du vertrauen kannst, und wie sollte es mich nicht freuen! - Ich werde immer von Dir hören, ich werde Dich wiedersehen, sobald es Dir möglich ist. So oft wie bisher hätten wir doch nicht Nachricht haben können, gewiss nicht alle Monate, und ich hatte auch schon im Sinne, Dir zu sagen, dass wir nur alle halbe Jahr durch den Briefträger unsere Papiere austauschen wollten, aber immer füreinander, wenn wir eine glücklich fühlende Minute hätten, aneinander schreiben wollten und allerhand erzählen, was uns so einfiele, aus dem Herzen sprechen und uns Luft machen, wenn die Brust zuweilen so voll und gepresst ist. So wollen wir es jetzt machen. Du kommst, wann Du kannst, und ich erwarte Dich ohne Ängstlichkeit. Einmal kommst Du mir gewiss. Ich werde Dich wiedersehen! Diese Gewissheit soll mir niemand nehmen. Ich will standhaft Deinen Blick und Deinen Händedruck ertragen, dass ich nicht zu sehr erweicht werde, nach so langer Trennung wieder zur Trennung auszudauern. Und Dir dazu den Mut geben.

Jetzt ein paar Worte von meinem bisherigen Leben. Ich bin sehr wohl und habe jetzt viele Beschäftigung, die mich ganz angenehm zerstreut und meine strebenden Kräfte auf eine belohnende Art in Tätigkeit setzt. Du weißt, dass wir jetzt in den Besitz des Gartens am Main gekommen sind, es war immer mein Wunsch, wie Du weißt, eigene Bäume zu pflanzen, mir etwas ganz nach meinem Sinne einzurichten und eine kleine Landwirtschaft zu haben. Es gefällt mir dort jetzt, wie Du immer voraussagtest, recht gut, ich lasse alles ganz einfach nach meiner Art bauen, 25 Morgen fruchtbares Land sind mir zum Übersehen und Vergnügen völlig genug und geben mir Beschäftigung, wie ich sie liebe. Ich habe ein Jahr zur Einrichtung Zeit gewonnen, weil wir noch hier wohnen, und so muss künftigen Sommer alles fertig sein.

Gestern sind wir erst hierher gezogen und mein Bruder kommt erst Sonnabend, Zeerleder ist auch noch in Hamburg, und man hört gar nichts von ihm. Wenn Du künftig an mich denkst, so stelle Dir nur immer vor, dass ich in irgendeiner Beschäftigung bin, die mich freut. Und ich denke von Dir, dass Du etwas tust, was Dein gutes Herz Dir lohnt, so werden wir mit Heiterkeit aneinander denken. Und mutig dem Wiedersehen mit dem schnellen Lauf der Zeit entgegen eilen, es sei! wann es sei! Das Schicksal bitten, dass der frohe

Augenblick bald kommen möge, und vertrauen auf die geheimen Mächte, die unsere Schritte leiten. Nur bitte ich Dich, lass Dich in keinem Verhältnis des Lebens durch das unsrige stören, und lass mich immer Deine Vertraute bleiben. Du sollst nie dabei verlieren, denn Deine Freude ist auch die meinige.

Wenn Du künftig in der Stadt erscheinst und Du siehst ein weißes Tuch an meinem Fenster, so schicke die Briefe nicht, und komme nächsten Morgen wieder; siehst Du nichts, so schicke sie sogleich und kehre auch dann noch einmal zurück zum Zeichen.

Donnerstagmorgen

Wirst Du nun kommen! ... Die ganze Gegend ist stumm und leer ohne Dich! Und ich bin so voll Angst, wie werde ich die starken Dir entgegen wallenden Gefühle wieder in den Busen verschließen und bewahren? - Wenn Du nicht kommst! ... Und wenn Du kommst! Ist es auch schwer, das Gleichgewicht zu halten und nicht zu lebendig zu fühlen. Versprich mir, dass Du nicht zurückkommen und ruhig wieder von hier gehen willst, denn wenn ich dies nicht weiß, komme ich in der größten Spannung und Unruhe bis morgen früh nicht vom Fenster, und am Ende müssen wir doch wieder ruhig werden, drum lass uns mit Zuversicht unseren Weg gehen und uns in unserem Schmerz noch glücklich fühlen und wünschen, dass er lange noch für uns bleiben möge, weil wir darin vollkommen edel fühlen und gestärkt. - Leb wohl! Leb wohl! Der Segen sei mit Dir ...